DEIXE IR, NÃO INSISTA

DIEGO MENIN

DEIXE IR, NÃO INSISTA

SEU DESTINO
NÃO ESTÁ PRESO
A PESSOAS QUE
DEIXAM VOCÊ

Vida

Editora Vida
Rua Conde de Sarzedas, 246 — Liberdade
CEP 01512-070 — São Paulo, SP
Tel.: 0 xx 11 2618 7000
atendimento@editoravida.com.br
www.editoravida.com.br
@editora_vida /editoravida

DEIXE IR, NÃO INSISTA

■

Exceto em caso de indicação contrária, todas as citações bíblicas foram extraídas da Nova Versão Internacional (NVI)

Todas as citações bíblicas e de terceiros foram adaptadas segundo o Acordo Ortográfico da Língua Portuguesa, assinado em 1990, em vigor desde janeiro de 2009.

■

As opiniões expressas nesta obra refletem o ponto de vista de seus autores e não são necessariamente equivalentes às da Editora Vida ou de sua equipe editorial.

Os nomes das pessoas citadas na obra foram alterados nos casos em que poderia surgir alguma situação embaraçosa.

Todos os grifos são do autor, exceto os indicados.

Editora-chefe: Sarah Lucchini
Edição: Judson Canto
Revisão de provas: Luiz Werneck e Bárbara Bie
Projeto gráfico e diagramação: Claudia Fatel Lino, Madalena Araujo e Philipe Santos
Capa: Lira Lira (adaptação)

2ª edição: fev. 2025

Dados Internacionais de Catalogação na Publicação (CIP)
(Câmara Brasileira do Livro, SP, Brasil)

Menin, Diego

Deixe ir, não insista: seu destino não está preso a pessoas que te deixam! / Diego Menin. — 2. ed. — São Paulo: Editora Vida, 2024.

ISBN 978-65-5584-530-3
e-ISBN: 978-65-5584-531-0

1. Comportamento 2. Conduta de vida - Aspectos religiosos 3. Princípios bíblicos 4. Relações humanas - Aspectos religiosos - Cristianismo 5. Vida cristã I. Título.

24-214219 CDD-248.4

Índice para catálogo sistemático:

1. Relacionamentos : Vida cristã : Cristianismo 248.4
Aline Graziele Benitez — Bibliotecária — CRB-1/3129

É sua primeira vez aqui?

Fico muito feliz em poder lhe dar as boas-vindas. Quero convidá-lo a conhecer mais do meu ministério e a se integrar comigo nas redes sociais e em tudo o que Deus tem feito por intermédio do ministério que me confiou.

Para isso, acesse o QR Code, e vamos juntos nessa caminhada!

www.diegomenin.com

AGRADECIMENTOS

Toda a minha gratidão a Deus, pois sem Ele eu jamais teria chegado até aqui. Obrigado, Espírito Santo, por ministrar ao meu coração o sermão "Deixe ir, não insista", que destravou milhares de pessoas! Dedico todo o meu amor a Jesus Cristo, que, por Seu sangue, me tornou livre.

Às minhas meninas, Carla e Julia Menin. Carla é minha preciosa esposa e eterna companheira de vida, e Julia é minha filha amada. Sou grato por todo incentivo, amor e cuidado.

Aos meus pais, Antonio Carlos Menin e Auredian Menin, que plantaram princípios cristãos em minha vida e sempre estiveram ao meu lado apoiando-me em tudo que faço.

Agradeço à Igreja Lírio dos Vales, lugar em que congrego desde meu nascimento e onde formei minha vida cristã. Foi nessa igreja que a semente deste livro foi plantada.

Às minhas ovelhas queridas, que tanto contribuem para meu ministério, amando, servindo e honrando a obra que Deus me confiou.

SUMÁRIO

INTRODUÇÃO

Como pastor e servo de Deus, submeto-me à Sua vontade para caminhar, e estou certo de que foi Ele quem me incomodou para compartilhar o tema deste livro com você, caro leitor. Não tenha dúvidas de que estas palavras podem transformar sua visão quanto ao ato de "deixar ir".

O livro trata de uma dificuldade que muita gente enfrenta: desapegar-se de algo ou de alguém. E, antes de qualquer coisa, quero inserir você nesse tema dizendo que temos muita facilidade para iniciar algo: somos muito bons em entrar em um relacionamento, fazer uma nova amizade, começar a trabalhar em uma nova empresa, mas temos imensa dificuldade, bem como conflitos internos, quando precisamos encerrar ou concluir algo, porque acabamos frustrando alguém e não sabemos fazê-lo sem que alguma pessoa saia ferida.

Isso se dá porque estamos inseridos em uma cultura na qual os relacionamentos são romantizados. Acredito que, mais do que qualquer outro povo, o brasileiro é muito romântico. Então, quando as coisas estão bem, considera-se que há alicerce sólido, mas quando não estão parece que nunca houve alicerce algum ou, se houve, foi reduzido a destroços no momento do término. Desse modo, quando agimos com romantismo em nossas relações interpessoais ou nas situações em que estamos envolvidos, os desfechos tendem a ser trágicos. Entretanto, não precisa ser assim.

Você pode se surpreender com términos que sejam bons e bem resolvidos e que tragam frutos e bagagem positiva para os envolvidos. Acredito que boa parte dos desfechos ruins acontece porque as pessoas não entendem o significado da palavra "final", não sabem que seu sentido apenas determina que uma estação acabou e que outra já irá começar, que um ciclo foi concluído, mas que outro será iniciado.

Se todos entendessem o real significado da palavra "fim", com certeza encerrar qualquer tipo de circunstância, relação ou projeto seria mais tranquilo e menos traumático. Se em vez de entendermos que um término é necessariamente uma desgraça, uma tragédia ou um desgaste e pensássemos que ele representa apenas a mudança de uma fase ou de um ciclo, ou, ainda, de um novo patamar em nossa vida, simplificaríamos esses desfechos. É disso que tratarei nos capítulos seguintes.

Diego Menin

Entender que um término
representa apenas a
mudança de uma fase,
um ciclo ou um novo
patamar em nossa vida,
mudaria nossa maneira
de ver o FIM!

1

APRENDA A **DEIXAR IR**

A base bíblica para o que nos propusemos discutir neste capítulo encontra-se em 1João 2.19:

> Eles saíram do nosso meio, mas na realidade não eram dos nossos, pois, se fossem dos nossos, teriam permanecido conosco; o fato de terem saído mostra que nenhum deles era dos nossos.

Vejo grande beleza nesse texto! O apóstolo está dizendo que quem não permaneceu conosco não pode ser "dos nossos". Ou seja, se alguém não ficou com você é porque ele nunca foi seu, nunca fez parte de sua caminhada. Trata-se de uma verdade que precisamos ter em mente nestes tempos nos quais predomina a ideia de que as emoções devem assumir o comando de nossa vida. Por isso, não é fácil advogar ou encarar com lucidez uma separação. Afinal, temos a tendência de procurar um culpado para justificar a partida de alguém, e essa responsabilidade, na maioria das vezes, nós mesmos acabamos assumindo.

Um rastro fundo e sem precedentes tem sido deixado por muitos que trazem sobre os ombros o peso da culpa por causa daqueles que simplesmente se foram. Em vez de encararem a separação como o início de uma nova etapa de sua jornada neste mundo e seguir em frente, parecem perdidos em uma floresta de questionamentos que deformam a alma, como: "Onde foi que eu errei?", "O que eu poderia ter feito para que isso não acontecesse?". Não deixa de ser uma reação natural, porque somos inclinados a crer que estamos no controle de nossa vida, mas no fundo sabemos que nem sempre teremos esse domínio sobre quem vai e quem fica. Diante disso, precisamos tomar três atitudes.

RECONHEÇA QUE SEPARAÇÕES SÃO INEVITÁVEIS

Em vários momentos de nossa caminhada terrena, alguém irá se afastar de nossa vida e de nossa rotina. À medida que o tempo passa e mudamos de lugar, de emprego ou de igreja, novas pessoas passam a fazer parte de nosso convívio e, da mesma forma, outras vão se afastando e ficando para trás. E o texto de João é de grande ajuda para entendermos essa dinâmica: há os que continuam em "nosso meio" e os que "saíram".

Sobre o afastamento, em especial, João explica: "Eles saíram do nosso meio, mas na realidade não eram dos nossos". Deus não espera que supliquemos a quem está se afastando que fique conosco. Fomos feitos para nos relacionarmos, mas isso não implica implorar que alguém nos ame, se preocupe conosco ou esteja do nosso lado em qualquer situação. Não faz sentido pedir que alguém se apegue a nós dessa maneira, incondicionalmente. Esse tipo de dependência não é saudável. Deus não nos fez para dependermos de ninguém – apenas Dele.

Paulo explica o motivo dessa dependência exclusiva: "Dele, por ele e para ele são todas as coisas" (Romanos 11.36). Portanto, quando alguém se afastar de você, deixe-o ir, por mais dolorosa que seja a separação ou mesmo que sinta muito sua falta. Você pode não saber o motivo pelo qual essa pessoa está se afastando hoje, mas um dia Deus o fará entender. Então, você certamente reconhecerá que essa separação foi necessária e concorreu para seu bem (Romanos 8.28).

Pessoas são sempre canais e em hipótese alguma podem se tornar fonte de ânimo e força. A dor é o grito da alma perante a recusa a deixar ir, por isso não é sábio tentar manter a qualquer preço alguém que já não tenha nenhum papel a desempenhar em sua vida. Eleger um indivíduo como responsável por seu bem-estar comprometerá o propósito de sua existência e também abalará sua fé. Seu futuro não é uma corda bamba que depende ora de uma pessoa ora de outra. Ele foi desenhado e alinhado de acordo com o plano que Deus tem para sua vida. Ficar preso a quem já se foi irá desviar você do traçado divino.

Quando alguém o deixa, todos os vínculos são rompidos: só pertence ao seu destino quem permanece com você. Não importa quão maravilhosa a pessoa seja ou quão atraído você se sinta por ela. Não importa quanto você a ajudou ou quanto foi ajudado por ela. Não importam as situações em que vocês estiveram envolvidos. Se ela quer se afastar, deixe-a ir, porque seu destino não pode estar amarrado a alguém que o deixou. Seu futuro não pode estar conectado a quem se ausentou de sua vida.

NÃO INSISTA

Ao insistir em segurar alguém que tenta deixá-lo, você estará abrindo mão dos planos que Deus tem para sua vida. O Senhor não deseja manter em sua vida pessoas que não contribuam para sustentar sua história, ainda que você acredite estar no caminho certo. Ele pretende conectá-lo com pessoas que edifiquem sua vida e colaborem para que o propósito Dele se cumpra aqui na Terra, a fim de que você seja exatamente aquilo que Ele planejou ao criá-lo. Por isso, para seu bem, para o bem daqueles que convivem com você e para que a vontade do Pai se cumpra, repito: quando alguém quiser deixá-lo, não insista. Deixe-o ir.

Convém lembrar ainda que muitos irão se afastar de nós simplesmente por não desejarem mudanças reais, por não permitirem ter a vida confrontada com a vontade do Pai. Salmos 1.5 é um versículo muito esclarecedor, pois informa que "os ímpios não resistirão no julgamento nem os pecadores na comunidade dos justos". Aqueles que não aceitarem a Palavra de Deus como princípio ou não se adequarem às responsabilidades de ser um cristão, simplesmente não permanecerão na "comunidade dos justos". E irão embora por uma única razão: a recusa em se submeter ao plano redentor de Cristo.

É claro que quando essas pessoas nos deixam, não são esses os motivos pelos quais elas justificam o afastamento. Em vez disso, tentam transferir a culpa para alguém. No entanto, o cristão orientado pela Palavra deve ter maturidade suficiente para entender que alguns nos deixam por não suportarem o compromisso de viver uma vida cristã saudável e com propósitos.

Sem dúvida, não é fácil ser confrontado com essa realidade. Jesus estava ciente da traição de Judas, mas não impediu o beijo do discípulo, mesmo sabendo das consequências, tanto para si quanto para o próprio Judas. A questão é que Jesus entendia o propósito e a importância do traidor em sua história pessoal e no plano da salvação. Ele percebeu que precisava deixar Judas agir, fazer as próprias escolhas e então se distanciar. Isso tinha de acontecer para que o propósito de Deus se cumprisse.

Você faz parte de algo muito maior, que excede a lógica humana e está muito além do que consegue ver ou imaginar. Você faz parte de uma grande engrenagem, cujo funcionamento depende do movimento harmonioso das peças, conforme o projeto de Deus. Portanto, se você tiver uma visão limitada e não se desapegar de certas pessoas e situações, ficará patinando sem conseguir encaixar-se no propósito para o qual foi destinado.

NÃO SE GUIE PELAS EMOÇÕES

As emoções mentem para você, e podem lhe dizer que a partida de determinada pessoa levará você a um estado crônico de solidão ou abrir uma lacuna que não será preenchida, porém isso é um engano. Suas sensações não têm compromisso com o plano de Deus e estão apenas tentando lhe trazer algum conforto, mas se você se deixar ser guiado por elas pagará o alto preço de estar preso a algo que não depende mais de você nem de suas decisões.

Por isso, não dê muito crédito às suas emoções, pois, como já disse, elas mentem para você. Faça como Jesus: crie vínculos com pessoas e permita que se aproximem, mas não se esqueça de que nenhum afastamento deve comprometer o propósito para o qual você foi chamado.

Se você tiver uma visão limitada e não se desapegar de certas pessoas e situações, ficará patinando sem conseguir encaixar-se no propósito para o qual foi destinado.

Você não é um equívoco e não é por acaso que existe um plano definido para seu destino. Nesse planejamento, vamos lembrar que Deus é a fonte, e as pessoas, apenas canais. Não inverta essa relação, ou toda a caminhada que você tem pela frente estará comprometida. Mas como evitar essa perda de rumo?

A melhor maneira de não se desviar do caminho, do plano original, é olhar para a própria vida de uma perspectiva mais ampla, como de uma vista aérea. Ou seja, pare de limitar sua visão apenas aos olhos humanos! Visualize por fé o que Deus tem preparado para fazer em sua vida. Assim, quando alguém tiver de ir embora, você entenderá e o deixará ir. É isso que Deus espera de nós e é o que João nos ensina no versículo citado no início deste capítulo.

Uma forma eficaz para enfrentar os primeiros dias após o afastamento de alguém é o que chamo "pensar na *verdade absoluta*". Vença a dor das emoções com disciplina e, mesmo com o coração gritando, tenha a Palavra de Deus como verdade incontestável. E, segundo ela, os que são seus permanecerão com você.

Tendemos a pensar que, para suportar a dor dos que nos deixam, são necessários movimentos arrojados e assim, no desespero causado pela dor, acabamos tomando decisões precipitadas e enveredando por caminhos errados. Alguns começam a frequentar uma academia, na ânsia por melhorar o físico, ou passam a adquirir bens dos quais não precisam, tudo isso apenas com objetivo de impressionar quem o deixou. Essas ações desnecessárias ou mesmo ridículas são orientadas pelas emoções, e o único resultado concreto é que irão prejudicar sensivelmente seu futuro, com acúmulo de dívidas e preocupações e um desperdício de tempo irreparável.

Outra forma de suportar a dor da separação é adotar pequenas mudanças de comportamento em seu dia a dia: mudar a cor da parede, trocar os móveis de lugar, alterar o trajeto aos lugares rotineiros, mudar de shopping ou de supermercado. Com essas simples medidas, você estará criando novos hábitos, que o induzirão a novos pensamentos e perspectivas.

Com a atitude correta de não se deixar dominar pelas emoções e seguir a verdade absoluta da Palavra de Deus, e com o auxílio de medidas simples — sem a necessidade de ações desesperadas —, a dor que grita em sua alma por causa das pessoas que o deixaram será finalmente superada.

2

ENTENDA POR QUE AS **PESSOAS DEIXAM VOCÊ**

A história a seguir ocorreu na época dos juízes, antes de ser instaurada a monarquia. Eram tempos conturbados, em que Israel sofria frequentes invasões das nações inimigas e a vida moral e religiosa do povo estava em decadência. Os fatos que interessam ao nosso assunto são narrados no livro de Rute, mas quero destacar a pessoa de Noemi, esposa de Elimeleque.

O casal morava em Israel, mas o país enfrentou um período de fome, de modo que eles tomaram a iniciativa de tentar melhores condições de vida na nação vizinha de Moabe. Elimeleque e Noemi tinham dois filhos homens, Malom e Quiliom, que se casaram com duas mulheres moabitas, Orfa e Rute.

Tudo parece caminhar bem na nova terra, até uma série de tragédias começar a acontecer. E a primeira delas é Noemi ficar viúva. A segunda catástrofe é a morte de seus dois filhos. A Bíblia não informa a causa dessas mortes, mas o certo é que, além de viúva, ela sofria com a perda de ambos os filhos.

Ela e as noras achavam-se agora desamparadas em uma sociedade bastante machista, na qual apenas os homens trabalhavam para manter a casa. A ausência deles as deixou sem recursos. Por isso, Noemi chegou à conclusão de que sua estada em Moabe havia terminado. Quanto às noras, elas ainda eram novas e não tinham filhos, por isso tinham chances de encontrar um novo marido e provedor. E, no momento da despedida, aconselhou-as:

> "Vão! Retornem para a casa de suas mães! Que o SENHOR seja leal com vocês, como vocês foram leais com os falecidos e comigo. O SENHOR conceda que cada uma de vocês encontre segurança no lar doutro marido". Então deu-lhes beijos de despedida (Rute 1.8-9).

No entanto, ela não esperava a reação das duas mulheres:

> Elas começaram a chorar alto e lhe disseram:
>
> "Não! Voltaremos com você para junto de seu povo!"
>
> Disse, porém, Noemi: "Voltem, minhas filhas! Por que viriam comigo? Poderia eu ainda ter filhos, que viessem a ser seus maridos? Voltem, minhas filhas! Vão! Estou velha demais para ter outro marido. E mesmo que eu pensasse que ainda há esperança para mim — ainda que eu me casasse esta noite e depois desse à luz filhos, iriam vocês esperar até que eles crescessem? Ficariam sem se casar à espera deles? De jeito nenhum, minhas filhas! Para mim é mais amargo do que para vocês, pois a mão do SENHOR voltou-se contra mim!"
>
> Elas, então, começaram a chorar alto de novo. Depois Orfa deu um beijo de despedida em sua sogra, mas Rute ficou com ela (Rute 1.9-14).

O último versículo mostra que, embora ambas as noras de Noemi demonstrassem o desejo de ir com ela, Orfa tomou a decisão de se despedir e voltou para a casa da mãe. Rute, porém, era tão leal à sogra que se recusou a deixá-la ir. É para esse ponto do texto que desejo chamar sua atenção: as duas noras estavam na mesma situação de Noemi, porém uma preferiu permanecer em sua terra, e a outra tomou a decisão de acompanhar a sogra.

QUEM NOS DEIXA NÃO É NECESSARIAMENTE MAU

Nossa primeira reação talvez seja julgar Orfa, por ter decidido voltar para sua própria terra. Nossas emoções vão se inclinar de forma negativa para essa ação, porque somos "românticos". "Como pôde abandonar Noemi? Que mulher ingrata!". São ponderações comuns, porque nunca vemos o afastamento como algo natural. Tendemos a pensar que as pessoas que estão conosco em momentos como esses firmaram vínculos eternos, e quebrá-los seria um golpe mortal.

Precisamos, contudo, entender que as pessoas nos deixam porque não estão mais ligadas à nossa vida, seja pela morte, seja pelo rompimento de uma relação familiar, matrimonial, profissional, religiosa ou simplesmente de amizade. O fato é que as pessoas que nos deixam o fazem por uma razão. No entanto, independentemente do motivo, às vezes insistimos em mantê-las em nossa vida — e isso não nos fará bem.

A Bíblia não informa o que exatamente levou Orfa a mudar de ideia e deixar Noemi, porém isso não a torna uma pessoa perversa. A resposta simples para isso é que a história de Noemi e Orfa havia chegado ao fim. Isso vale para todos nós. Ou você acha que todas as pessoas que fazem parte da fase atual de sua vida ficarão com você em cada um dos estágios de sua existência que estão por vir?

QUEM NOS DEIXA PODE ESTAR NOS FAZENDO UM BEM

Já parou para pensar em quantas vezes Deus permitiu que alguém deixasse de fazer parte da sua vida por saber que havia entre vocês uma relação tóxica ou simplesmente por ver que aquela pessoa estava impedindo você de contribuir positivamente para o Reino? Já parou para pensar que Deus permite que algumas pessoas se afastem porque tanto você como elas precisam desenvolver aptidões e experiências novas no curso de sua história pessoal?

Precisamos entender
que as pessoas nos deixam
porque não estão mais
ligadas à nossa vida.

Deus nos livra o tempo todo de circunstâncias desfavoráveis e prejudiciais à nossa vida e ao cumprimento de nossa missão aqui por ter a capacidade de enxergar no longo prazo. Ele sabe perfeitamente quanto uma relação, se mantida por muito tempo, irá nos distanciar dos projetos que Ele tem para nós. "Não se enganem. Se algum de vocês pensa que é sábio segundo os padrões desta era, deve tornar-se 'louco' para que se torne sábio. Porque a sabedoria deste mundo é loucura aos olhos de Deus" (1Coríntios 3.18-19). Portanto, não se arrisque a decidir por si mesmo, com base apenas em padrões humanos, se a relação com a qual está envolvido será bênção ou maldição perene em sua vida. Isso "é loucura aos olhos de Deus". Permita que Ele ponha e tire as pessoas que precisam caminhar ao seu lado, que Ele se responsabilize por quem fará parte ou não de sua caminhada.

Precisamos treinar a mente com relação à soberania e à bondade de Deus, pois somos propensos a perceber esses atributos apenas naqueles momentos em que nos sentimos emocionalmente alimentados e confortados. No entanto, quando acontece de alguém nos deixar e nossas emoções começam a apresentar seus ataques histéricos, não conseguimos enxergar essas características de Deus em absolutamente nada.

QUEM NOS DEIXA NÃO PÕE EM RISCO NOSSA HISTÓRIA

Observe que a saída de Orfa da vida de sua sogra não comprometeu em absolutamente nada o plano de Deus para Noemi, e isso aconteceu justamente pela atitude madura desta em deixar ir quem não desejava mais permanecer. Tentar manter aqueles que não estão mais ligados à nossa vida faz de nós pessoas pegajosas, do tipo que está sempre se esforçando para agradar e, com isso, se anulando, ao mesmo tempo que abre mão de valores e princípios pessoais imprescindíveis à própria vida. Quem age assim acaba se tornando uma pessoa artificial, dominada pelo medo e pelas incertezas — e, por mais que se esforce, nunca irá garantir o retorno de alguém para sua vida.

Paulo é bem claro a respeito dessa postura: "Acaso busco eu agora a aprovação dos homens ou a de Deus? Ou estou tentando agradar a homens? Se eu ainda estivesse procurando agradar a homens, não seria servo de Cristo" (Gálatas 1.10). E, noutro lugar, diz: "Não apenas para agradá-los quando eles os observam, mas como escravos de Cristo, fazendo de coração a vontade de Deus" (Efésios 6.6). Ou seja, apegar-se às pessoas apenas por querer agradá-las ou para evitar que elas o abandonem não condiz com o verdadeiro filho e servo de Deus que devemos ser.

Em suas cartas, o apóstolo é incisivo ao dizer que o único que merece ser agradado é Cristo, cuja vontade deve ser cumprida e estabelecida por meio de nossas escolhas e decisões. Talvez você já tenha orado algumas vezes: "Jesus, não consigo manter junto a mim as pessoas que não estão mais conectadas à minha vida, mas eu as quero a qualquer preço, a qualquer custo!". No entanto, tenha a certeza de que você jamais conseguirá fazer com que alguém permaneça em sua vida se ele quiser deixá-lo, não importa quanto deseje ou se empenhe nesse objetivo. Além de perdê-lo, você ainda poderá pagar um alto preço por essa insistência, como diz Marcos 8.36: "Que adianta ao homem ganhar o mundo inteiro e perder a sua alma?".

Tentar a todo custo manter em nossa vida quem quer nos deixar pode nos afastar do caminho que Deus preparou nós mesmos, pois não fomos feitos para as pessoas, mas para Ele. E alguém pode estar saindo de sua vida para que o caminho seja liberado para você. Isso constitui um desafio à nossa mente escrava, mas entenda que temos de prestar contas a Deus primeiramente sobre nossas ações, não pela decisão daqueles que se foram. Essa insistência irá prejudicar o propósito de Deus para sua vida.

Quando Orfa deixou Noemi e foi embora, não o fez por ser uma nora má. Ela apenas entendeu que sua participação na história da sogra havia acabado. Da mesma forma, a trajetória de alguém ao seu lado simplesmente pode um dia chegar ao fim, e você precisa entender e aceitar esse fato.

Repito: nem todas as pessoas que passam pela sua vida ficarão com você para sempre, nem todas escreverão sua história inteira com você. Algumas ficarão por um tempo, durante uma fase de sua vida, mas depois irão partir. Aqueles que fizeram parte de sua história na empresa, nas amizades ou nos relacionamentos amorosos podem ter servido apenas para aquela fase, mas não terão serventia para a próxima.

QUEM NOS DEIXA ESTÁ NOS AJUDANDO A INICIARMOS UM NOVO CICLO

Devemos entender a participação de pessoas em nossa vida como inícios e términos de ciclos e que cada um deles serve para nos ensinar algo antes de alcançarmos os próximos degraus em nossa existência. Cada pessoa tem um tempo determinado para ficar em nossa vida, e tentar impedir essa separação pode também significar que estamos embargando um novo ciclo em sua vida. Eclesiastes não deixa dúvida: "Para tudo há uma ocasião certa; há um tempo certo para cada propósito debaixo do céu" (Eclesiastes 3.1). E o texto é bem específico:

> [Há] tempo de nascer e tempo de morrer,
> tempo de plantar
> e tempo de arrancar o que se plantou,
> tempo de matar e tempo de curar,
> tempo de derrubar e tempo de construir,
> tempo de chorar e tempo de rir,
> tempo de prantear e tempo de dançar,
> tempo de espalhar pedras
> e tempo de ajuntá-las,
> tempo de abraçar e tempo de se conter,
> tempo de procurar e tempo de desistir,
> tempo de guardar
> e tempo de jogar fora,
> tempo de rasgar e tempo de costurar,
> tempo de calar e tempo de falar,
> tempo de amar e tempo de odiar,
> tempo de lutar e tempo de viver em paz
> (Eclesiastes 3.2-8).

Depois de ler esses versículos, você ainda tem dúvida de que os términos são tão necessários quanto os começos? As pessoas nos deixam para que nós e elas possamos iniciar um novo ciclo, uma nova jornada. E, nesse novo momento da existência, não faremos mais parte uns da vida dos outros.

Orfa deixou Noemi porque o tempo de convivência e o laço familiar que havia entre elas fora rompido. Era necessário que Orfa entendesse esse término e que Noemi lhe permitisse partir. É exatamente isso que você precisa ter em mente quando a participação de alguém na história da sua vida chegar ao fim. Depois que entender isso, você não desejará ressuscitar o que o próprio Deus já sepultou. Portanto, deixe ir, entenda os motivos e tente discernir as fases ou ciclos determinados por Deus para sua vida.

O tempo é cíclico, portanto sempre haverá início, meio e fim a serem vividos, como ocorre em nossa breve existência aqui na Terra: nascemos, desenvolvemo-nos e um dia morremos. É o tempo determinado. Deus é quem conhece e controla isso, então se apegue a Ele e confie que tudo o que Ele faz, com certeza, coopera para seu bem. "Sabemos que Deus age em todas as coisas para o bem daqueles que o amam, dos que foram chamados de acordo com o seu propósito" (Romanos 8.28)

3

UM **EXEMPLO** SOBRE **DEIXAR IR**: DAVI

Israel estava em guerra com os amonitas, um povo descendente de Ló, e Davi nunca havia perdido a oportunidade de participar de uma guerra. Dessa vez, porém, o inimigo era fraco, de modo que o rei preferiu deixar o exército a cargo do general Joabe e ficou em casa. E, por causa dessa decisão, ele acabou cometendo um crime horrível e um grande pecado. Começou assim:

> Uma tarde Davi levantou-se da cama e foi passear pelo terraço do palácio. Do terraço viu uma mulher muito bonita, tomando banho, e mandou alguém procurar saber quem era. Disseram-lhe: "É Bate-Seba, filha de Eliã e mulher de Urias, o hitita". Davi mandou que a trouxessem e se deitou com ela, que havia acabado de se purificar da impureza da sua menstruação. Depois, voltou para casa (2Samuel 11.2-4).

Davi não pretendia se casar com Bate-Seba. Ele não queria nada além de sexo, pois não sentira outra coisa por ela senão atração física. Contudo, aquela noite de prazer teve consequências: "A mulher engravidou e mandou um recado a Davi, dizendo que estava grávida" (2Samuel 11.5).

Quando soube da gravidez, Davi ficou alarmado. Um escândalo de tais proporções poderia abalar seu reinado. Mais que depressa, ele elaborou um plano. Urias estava na guerra, e o rei mandou chamá-lo de volta. Com isso, preparava o ambiente para que o marido de Bate-Seba pudesse ter relações com ela, como seria natural depois de ter ficado muito tempo longe de casa. Se isso acontecesse, ninguém iria desconfiar que ela havia engravidado do rei, e o vexame seria evitado. Problema resolvido? Não. Quando Davi sugeriu a Urias que fosse para casa desfrutar a companhia da esposa, a resposta foi surpreendente:

> A arca e os homens de Israel e de Judá repousam em tendas; o meu senhor Joabe e os seus soldados estão acampados ao ar livre. Como poderia eu ir para casa para comer, beber e deitar-me com minha mulher? Juro por teu nome e por tua vida que não farei uma coisa dessas! (2Samuel 11.11).

Tomado de pavor, Davi pensou: "Se Urias não se deitar com ela, a barriga vai começar a crescer e todos vão descobrir que fui eu!". Então elaborou outro plano: "Enviou uma carta a Joabe por meio de Urias. Nela escreveu: 'Ponha Urias na linha de frente e deixe-o onde o combate estiver mais violento, para que seja ferido e morra' " (2Samuel 11.14-15). Dessa vez, o plano deu certo, pois "quando os homens da cidade saíram e lutaram contra Joabe, alguns dos oficiais da guarda de Davi morreram, e morreu também Urias, o hitita. Joabe enviou a Davi um relatório completo da batalha" (2Samuel 11.17-18). Esse episódio nos ensina duas lições.

DEVEMOS ESTAR NO LUGAR CERTO

Se Davi tivesse ido para a guerra, nada disso teria acontecido, mas ele decidiu ficar em casa. A lição aqui é: se devemos estar em um lugar, mas decidimos estar em outro, as consequências podem ser desastrosas.

O rei de Israel chegou a pensar que o assunto estava resolvido, porque, "quando a mulher de Urias soube que o seu marido havia morrido, chorou por ele. Passado o luto, Davi mandou que a trouxessem para o palácio; ela se tornou sua mulher e teve um filho dele". Mas havia um problema: "O que Davi fez desagradou ao SENHOR" (2Samuel 11.26-27). Então, certo dia, o profeta Natã adentrou o palácio e contou uma história a Davi:

> Dois homens viviam numa cidade, um era rico e o outro pobre. O rico possuía muitas ovelhas e bois, mas o pobre nada tinha, senão uma cordeirinha que havia comprado. Ele a criou, e ela cresceu com ele e com seus filhos.

> Ela comia junto dele, bebia do seu copo e até dormia em seus braços. Era como uma filha para ele. Certo dia, um viajante chegou à casa do rico, e este não quis pegar uma de suas próprias ovelhas ou de seus bois para preparar-lhe uma refeição. Em vez disso, preparou para o visitante a cordeira que pertencia ao pobre (2Samuel 12.1-4).

Naturalmente, o rei ficou indignado com a situação:

> Davi encheu-se de ira contra o homem e disse a Natã: "Juro pelo nome do SENHOR que o homem que fez isso merece a morte! Deverá pagar quatro vezes o preço da cordeira, porquanto agiu sem misericórdia".
>
> "Você é esse homem!", disse Natã a Davi. E continuou: "Assim diz o SENHOR, o Deus de Israel: 'Eu o ungi rei de Israel e o livrei das mãos de Saul. Dei a você a casa e as mulheres do seu senhor. Dei a você a nação de Israel e Judá. E, se tudo isso não fosse suficiente, eu teria dado mais ainda. Por que você desprezou a palavra do SENHOR, fazendo o que ele reprova? Você matou Urias, o hitita, com a espada dos amonitas e ficou com a mulher dele. Por isso, a espada nunca se afastará de sua família, pois você me desprezou e tomou a mulher de Urias, o hitita, para ser sua mulher'.
>
> "Assim diz o SENHOR: 'De sua própria família trarei desgraça sobre você. Tomarei as suas mulheres diante dos seus próprios olhos e as darei a outro; e ele se deitará com elas

> em plena luz do dia. Você fez isso às escondidas, mas eu o farei diante de todo o Israel, em plena luz do dia' ".
>
> Então Davi disse a Natã: "Pequei contra o SENHOR!"
>
> E Natã respondeu: "O SENHOR perdoou o seu pecado. Você não morrerá. Entretanto, uma vez que você insultou o SENHOR, o menino morrerá" (2Samuel 12.5-14).

O castigo não demorou: "Depois que Natã foi para casa, o SENHOR fez adoecer o filho que a mulher de Urias dera a Davi" (v. 15). Temos aqui um fato muito interessante: Bate-Seba já era mulher de Davi, mas Deus a identifica como mulher de Urias, o marido que já estava morto.

> Davi implorou a Deus em favor da criança. Ele jejuou e, entrando em casa, passou a noite deitado no chão. Os oficiais do palácio tentaram fazê-lo levantar-se do chão, mas ele não quis e recusou comer.
>
> Sete dias depois a criança morreu. Os conselheiros de Davi ficaram com medo de dizer-lhe que a criança estava morta e comentaram: "Enquanto a criança ainda estava viva, falamos com ele, e ele não quis escutar-nos. Como vamos dizer-lhe que a criança morreu? Ele poderá cometer alguma loucura!"
>
> Davi, percebendo que seus conselheiros cochichavam entre si, compreendeu que a criança estava morta e perguntou: "A criança morreu?"

"Sim, morreu", responderam eles.

Então Davi levantou-se do chão, lavou-se, perfumou-se e trocou de roupa. Depois entrou no santuário do SENHOR e o adorou. E, voltando ao palácio, pediu que lhe preparassem uma refeição e comeu.

Seus conselheiros lhe perguntaram: "Por que ages assim? Enquanto a criança estava viva, jejuaste e choraste; mas, agora que a criança está morta, te levantas e comes!"

Ele respondeu: "Enquanto a criança ainda estava viva, jejuei e chorei. Eu pensava: Quem sabe? Talvez o SENHOR tenha misericórdia de mim e deixe a criança viver. Mas agora que ela morreu, por que deveria jejuar? Poderia eu trazê-la de volta à vida? Eu irei até ela, mas ela não voltará para mim" (2Samuel 12.15-23).

NÃO DEVEMOS INSISTIR NA HISTÓRIA QUE DEUS JÁ ENCERROU

A reação de Davi foi fenomenal. Explico: de acordo com o texto bíblico, enquanto a criança estava viva e doente, o rei, vestido de pano de saco, não parava de chorar, não conseguia comer e, deprimido, desconsolado e sem perspectiva, dormia no chão do palácio. Mas depois que a criança morreu, ele se levantou, tomou um banho, trocou de roupa, passou perfume, foi adorar a Deus "e, voltando ao palácio, pediu que lhe preparassem uma refeição e comeu" (v. 20).

Davi deu um péssimo exemplo quando se deixou dominar por seus desejos e emoções, e seus erros nos mostram o perigo de se caminhar ao sabor ou sob o controle das emoções. Por não ter posto um freio aos seus sentimentos, um homem historicamente marcado como grande poeta e músico e como alguém sensível à voz de Deus transformou-se em adúltero e cruel assassino. É sempre perigoso seguir o curso de um coração guiado pelas emoções.

Deus, contudo, sempre nos dá uma chance. Assim, o mesmo Davi que mergulhou profundamente no pecado ao se deixar conduzir pelas emoções também nos dá uma lição positiva, quando consegue se libertar de uma situação extremamente dolorosa, como a morte de um filho, confiando na soberania e na bondade de Deus. Essa é a razão de Deus o chamar "homem segundo o meu coração" (Atos 13.22).

Não é a profundidade da queda que define quem somos, e sim a capacidade de inclinar o coração para Deus e confiar em Suas decisões diante dos balanços da vida. Essa atitude de Davi nos surpreende porque, quando a criança estava viva, embora doente, ele quase morreu de depressão. E todos ficavam imaginando como seria sua reação quando soubesse que ela havia morrido. Não seria surpresa se ele morresse junto! No entanto, não foi isso que aconteceu.

O motivo? Ele sabia reconhecer e aceitar quando algo acabava.

Davi entendeu o motivo de a criança ter morrido. Ele aceitou a condição estabelecida pelo Senhor para o perdão e conformou-se com o fato de que o tempo de seu filho era aquele. Qualquer um que depois de tanto sofrimento reage lavando o rosto, hidratando-se, trocando de roupa e voltando a comer é alguém que, com certeza, superou as circunstâncias.

Se você não consegue vencer uma decepção, seu futuro será apenas decepção. Davi, ao saber da morte da criança, surpreendentemente se reergueu e retomou sua vida. Isso não significa que o processo fosse indolor. Pelo contrário, a dor estava lá, mas ele entendia que não existe razão para manter viva uma história que o próprio Deus encerrou.

Precisamos parar de alimentar histórias e pessoas que Deus já afastou de nossa vida. É como regar o concreto: nenhum jardim irá crescer nele. Pare de desperdiçar água em questões mortas! Entenda que as más notícias nem sempre são ruins, pois algumas servem para nos tirar de uma esperança morta e nos levar para a realidade.

A má notícia da morte do filho de Davi, comunicada pelos servos do palácio, foi uma bênção, porque ele reagiu e voltou a reinar. Se insistirmos em uma causa que Deus não vai restaurar, estaremos pondo nosso trono — tudo aquilo que já recebemos de Deus — em risco. Nosso futuro será comprometido simplesmente pela nossa teimosia em manter uma esperança que Deus já definiu como perdida. Mesmo com o coração contrariado, nossa mente precisa aprender a confiar na soberania e na vontade de Deus e reconhecer que as histórias encerradas por Ele não devem continuar. Depois disso, podemos voltar a lavar o rosto, porque não podemos entrar em um novo relacionamento trazendo no rosto marcas do relacionamento anterior ou entrar em uma nova empresa portando ranços do antigo emprego. Não permita que a história que Deus matou influencie a nova história que você está prestes a construir.

A atitude de Davi após a morte do filho ensina que precisamos saber quando chorar, quando jejuar ou quando implorar, mas acima de tudo entender e aceitar que algo terminou, seja pela morte de alguém, seja pelo término de um relacionamento, seja por qualquer outra perda.

Geralmente, Deus vai permitir que vivamos fases assim para nos provar — pela fé, fidelidade e amor a Ele. Será que temos feito valer a pena a entrega de Cristo na cruz por nós? Será que sabemos agradecer ao Senhor pelo que Ele nos dá e nos tira? Será que nossa gratidão e louvor a Ele acontecem quando algo começa e, depois, quando termina?

Cabe aqui a pergunta: na condição de filho de Deus, sabendo das maravilhas que Ele fez pelos nossos antepassados e continua fazendo hoje, você ainda acha que alguma coisa acontece por acaso? Tudo tem um motivo, tudo faz parte de um plano maior, pensado e arquitetado por Deus. Portanto, se você está vivendo o término de alguma circunstância, apegue-se à verdade de que nada é fortuito.

Tome a resolução de, a partir de hoje, não falar mais no assunto, porque você não tem a capacidade de ressuscitar o que Deus já decretou como concluído. Siga sua caminhada, pois o momento é de deixar ir. Seja como Davi, que, ao entender o término daquela situação, levantou a cabeça, tomou um banho, perfumou-se, vestiu-se, voltou a comer e adorou ao Senhor. Você precisa saber a hora de enterrar a criança e a hora de se levantar, ser forte, agir e voltar a caminhar normalmente.

A Palavra de Deus precisa ser maior que nossa dor, uma âncora só cumpre seu propósito quando toca o fundo do oceano. Ou seja, a voz de Deus precisa tocar o fundo de nosso coração. Foi dessa forma que Davi conseguiu seguir seu propósito diante de uma história que Deus encerrou.

Não fale do assunto, portanto, não comente mais, pare de orar por aquilo que você sabe que o próprio Deus já finalizou. É hora de surpreender a todos, como Davi surpreendeu. Prepare seu banho e seu perfume, volte a adorar, alimente-se e reassuma seu trono para viver os mais belos e relevantes propósitos de Deus para sua vida. Nenhum episódio que Deus encerrou deverá comprometer a linda história que Ele já escreveu por Sua soberania e bondade.

4

OUTRO **EXEMPLO** SOBRE **DEIXAR IR**: JÓ

A história de Jó é inspiradora e tem muito a nos ensinar, porque ele foi um homem extremamente fiel a Deus. No que diz respeito a deixar ir, aprendemos com esse patriarca que a vontade do Pai deve ser suficiente para vivenciarmos processos dolorosos e aparentemente sem explicação. Por isso, Jó é outro grande exemplo de alguém que soube entender o momento que estava vivendo.

O livro de Jó retrata uma grande tragédia pessoal. Contudo, em meio a circunstâncias totalmente desfavoráveis, seu protagonista teve a lucidez de perceber que nem a família nem a imensa riqueza que Deus lhe concedera eram mais preciosas que sua fidelidade ao Senhor. Jó entendeu que a vontade de Deus estava acima de qualquer apego aos bens, aos filhos, à esposa, à saúde ou ao julgamento dos amigos. No início da história, vemos um homem temente e fiel ao Senhor:

> Na terra de Uz vivia um homem chamado Jó. Era homem íntegro e justo; temia a Deus e evitava fazer o mal. Tinha ele sete filhos e três filhas e possuía sete mil ovelhas, três mil camelos, quinhentas juntas de boi e quinhentos jumentos e tinha muita gente a seu serviço. Era o homem mais rico do oriente.

> Seus filhos costumavam dar banquetes em casa, um de cada vez, e convidavam suas três irmãs para comerem e beberem com eles. [...] Disse então o SENHOR a Satanás: "Reparou em meu servo Jó? Não há ninguém na terra como ele, irrepreensível, íntegro, homem que teme a Deus e evita o mal" (Jó 1.1-4,8).

No entanto, Satanás questionou a fidelidade desse homem. O argumento era que alguém que tinha tudo não teria motivos para ser infiel a Deus:

> "Será que Jó não tem razões para temer a Deus?", respondeu Satanás. "Acaso não puseste uma cerca em volta dele, da família dele e de tudo o que ele possui? Tu mesmo tens abençoado tudo o que ele faz, de modo que os seus rebanhos estão espalhados por toda a terra. Mas estende a tua mão e fere tudo o que ele tem, e com certeza ele te amaldiçoará na tua face" (Jó 1.9-11).

Deus então permitiu que Jó fosse provado em sua fidelidade, e ele começou a perder tudo o que possuía:

> Certo dia, quando os filhos e as filhas de Jó estavam num banquete, comendo e bebendo vinho na casa do irmão mais velho, um mensageiro veio dizer a Jó: "Os bois estavam arando e os jumentos estavam pastando por perto,

> quando os sabeus os atacaram e os levaram embora. Mataram à espada os empregados, e eu fui o único que escapou para lhe contar!"
>
> Enquanto ele ainda estava falando, chegou outro mensageiro e disse: "Fogo de Deus caiu do céu e queimou totalmente as ovelhas e os empregados, e eu fui o único que escapou para contar a você!"
>
> Enquanto ele ainda estava falando, chegou outro mensageiro e disse: "Vieram caldeus em três bandos, atacaram os camelos e os levaram embora. Mataram à espada os empregados, e eu fui o único que escapou para contar a você!"
>
> Enquanto ele ainda estava falando, chegou ainda outro mensageiro e disse: "Seus filhos e suas filhas estavam num banquete, comendo e bebendo vinho na casa do irmão mais velho, quando, de repente, um vento muito forte veio do deserto e atingiu os quatro cantos da casa, que desabou. Eles morreram, e eu fui o único que escapou para contar a você!" (Jó 1.13-19).

No entanto, ao ouvir notícias tão devastadoras, a reação de Jó foi surpreendente e deu a Satanás a primeira prova de sua fidelidade a Deus:

> Ao ouvir isso, Jó levantou-se, rasgou o manto e rapou a cabeça. Então prostrou-se com o rosto em terra, em adoração, e disse:

> "Saí nu do ventre da minha mãe,
> e nu partirei.
> O SENHOR o deu, o SENHOR o levou;
> louvado seja o nome do SENHOR ".
>
> Em tudo isso Jó não pecou e não culpou a Deus de coisa alguma (Jó 1.20-22).

Como não bastassem todas essas perdas, Jó foi acometido de uma doença. E, mais uma vez, ele não blasfemou nem se queixou contra Deus. Em vez disso, "apanhou um caco de louça e com ele se raspava, sentado entre as cinzas" (Jó 2.8).

Se você pensa que acabou, engana-se. A esposa de Jó, incapaz de entender e aceitar as circunstâncias, questiona-o: "Você ainda mantém a sua integridade? Amaldiçoe a Deus, e morra!" (Jó 2.9). Ainda assim, Jó preferiu declarar sua fidelidade a Deus: "Você fala como uma insensata. Aceitaremos o bem dado por Deus, e não o mal?". E a Bíblia acrescenta: "Em tudo isso Jó não pecou com seus lábios" (Jó 2.10).

Depois que a mulher de Jó se pronunciou sobre a situação, três amigos do patriarca vieram ver como ele estava e, ao constatar sua deplorável condição, ficaram ali sete dias e sete noites com ele, sem dizer uma palavra, no meio das cinzas. No entanto, depois que romperam o silêncio começaram a culpá-lo pelo ocorrido. Jó ouviu tudo o que eles tinham para falar e respondeu:

> Meus olhos viram tudo isso,
> meus ouvidos o ouviram
>   e entenderam.
> O que vocês sabem, eu também sei;
> não sou inferior a vocês.
> Mas desejo falar ao Todo-poderoso
> e defender a minha causa
>   diante de Deus.
> Vocês, porém, me difamam
>   com mentiras;
> todos vocês são médicos
>   que de nada valem!
> Se tão somente ficassem calados,
> mostrariam sabedoria.
> Escutem agora o meu argumento;
> prestem atenção à réplica
>   de meus lábios.
> Vocês vão falar com maldade
>   em nome de Deus?
> Vão falar enganosamente a favor dele?
> Vão revelar parcialidade por ele?
> Vão defender a causa a favor de Deus?
> Tudo iria bem se ele os examinasse?
> Vocês conseguiriam enganá-lo
>   como podem enganar os homens?
> Com certeza ele os repreenderia
>   se, no íntimo, vocês fossem parciais.

> O esplendor dele
> não os aterrorizaria?
> O pavor dele não cairia sobre vocês?
> As máximas que vocês citam
> são provérbios de cinza;
> suas defesas não passam de barro.
> Aquietem-se e deixem-me falar,
> e aconteça comigo o que acontecer (Jó 13.1-13).

Sentir-se diminuindo ou se perdendo ou ver pessoas, ambientes e recursos simplesmente nos deixando produz uma sensação apavorante. Quando vemos escorrer entre os dedos algo que possuímos, nossas emoções são confrontadas de várias maneiras. Foi exatamente isso que Jó vivenciou, e ele se sentiu como um plástico se retorcendo ao calor do fogo. Sua vida chegara a uma estação em que as circunstâncias o tornaram irreconhecível.

Enquanto há chance de lutar, a humilhação e a oração têm seu valor, é claro, mas entender quando determinado período de sua vida chegou ao fim é tão importante quanto passar por toda essa etapa. Jó, mesmo depois de perder bens tão preciosos, manteve os olhos em Deus e confiou Nele, por ter plena consciência do tempo que estava vivendo.

Se algo acabou ou se perdeu, se alguém o abandonou, não foi por acidente nem mera coincidência.

Jó, mesmo depois de perder bens tão preciosos, manteve os olhos em Deus e confiou Nele, por ter plena consciência do tempo que estava vivendo.

Aconteceu porque tinha de acontecer, porque chegou o momento. Se você tentou fazer dar certo e fracassou, não foi por acaso. Aceite todas as suas perdas e frustrações como vontade de Deus para sua vida, como uma história que chegou ao seu final.

DOIS PRINCÍPIOS PARA ENTENDER A PERDA

Jó não era um super-homem, dotado de um espírito superior ao nosso, também não possuía uma alma blindada contra a dor e o sofrimento. O segredo de seu posicionamento diante da própria história e de pessoas que o estavam deixando levou-o a vivenciar um crescimento que jamais seria possível por outro modo. Jó perdeu todos os filhos, seus recursos e a saúde e teve seu casamento abalado. Mas como pode alguém descer a esse nível de perdas e simplesmente deixar ir sem enlouquecer?

Existem dois princípios bíblicos que nos ajudam a entender por que pessoas nos deixam e histórias chegam ao fim. Podemos encontrá-los nesta declaração do apóstolo Paulo: "Não sobreveio a vocês tentação que não fosse comum aos homens. E Deus é fiel; ele não permitirá que vocês sejam tentados além do que podem suportar" (1Coríntios 10.13).

O primeiro princípio é que a dor desse tipo de perda é comum aos homens. Portanto, mesmo com a alma gritando que somos vítimas, que o sofrimento é terrível de suportar, que somos seres injustiçados por Deus e pela humanidade, a Bíblia nos garante que todas as histórias e fases encerradas e pessoas que nos deixam fazem parte da existência humana. Em outras palavras, outras pessoas já passaram por isso e, o mais importante, sobreviveram. E, se elas conseguiram, você também consegue.

O segundo princípio é que Deus não permitirá que sejamos tentados "além" do que nossa estrutura permite. Por mais que nossas emoções nos digam que não temos mais forças, que o apoio de amigos e familiares são insuficientes, elas estão mentindo. O motivo é que Deus não permitirá que uma corda se rompa e que o preço disso seja nossa destruição. Assim como Jó soube continuar e resistir diante dos ambientes, pessoas e recursos que o deixaram, você também pode resistir.

DEPENDÊNCIA DE DEUS

Diante dos conflitos internos, proclame que Deus tem o melhor para você, como o próprio Jó reagiu diante dos inúmeros questionamentos sobre suas perdas. Portanto, pare de insistir em quem quer deixá-lo, porque sua vida não depende de pessoas, mas das promessas de Deus. Você vive na dependência de um Deus que não tarda e nunca falha. Você vive sob os cuidados de Alguém que não se cansa de protegê-lo, Alguém que nunca dorme e nunca cessa de agir a seu favor:

> Levanto os meus olhos para
> os montes e pergunto:
> De onde me vem o socorro?
> O meu socorro vem do SENHOR,
> que fez os céus e a terra.
> Ele não permitirá que você tropece;
> o seu protetor se manterá alerta,
> sim, o protetor de Israel não dormirá;
> ele está sempre alerta! (Salmos 121.1-4)

Você não depende de pessoas, caridosas ou não, por isso pare de mendigar afeto, amor e atenção! Pare de ser comportar como um coitado! Além de se vitimizar, você está dizendo com essa atitude que seu Deus não é suficiente. Mas Ele o é! Ele nos completa e nos satisfaz e é o bem mais valioso que possuímos. Aquele que habita nosso ser será sempre melhor que qualquer pessoa ou circunstância neste mundo.

Se as pessoas não querem estar com você, que vão embora. Se não querem amá-lo, que não o amem. Se não querem andar com você, que não andem. Se não querem lhe dar atenção, que não deem. O importante é você saber que sua suficiência não está em quem fica com você, mas está em Quem o fez! Você recebe sustento do alto, é sustentado por Deus. Ele é o autor e consumador de sua fé. No final da vida, Jó reconheceu:

> Sei que podes fazer todas as coisas;
> nenhum dos teus planos
> pode ser frustrado.
> Tu perguntaste: "Quem é esse
> que obscurece o meu conselho
> sem conhecimento?"
> Certo é que falei de coisas
> que eu não entendia,
> coisas tão maravilhosas
> que eu não poderia saber.
> Tu disseste:
> "Agora escute, e eu falarei;
> vou fazer perguntas,
> e você me responderá".
> Meus ouvidos já tinham
> ouvido a teu respeito,
> mas agora os meus olhos te viram.
> Por isso menosprezo a mim mesmo
> e me arrependo no pó e na cinza (Jó 42.2-6).

E o SENHOR honrou a clareza e a fidelidade de Jó diante de toda aquela situação:

> Depois que Jó orou por seus amigos, o SENHOR o tornou novamente próspero e lhe deu em dobro tudo o que

> tinha antes. Todos os seus irmãos e irmãs e todos os que o haviam conhecido anteriormente vieram comer com ele em sua casa. Eles o consolaram e o confortaram por todas as tribulações que o SENHOR tinha trazido sobre ele, e cada um lhe deu uma peça de prata e um anel de ouro.
>
> O Senhor abençoou o final da vida de Jó mais do que o início. Ele teve catorze mil ovelhas, seis mil camelos, mil juntas de boi e mil jumentos. Também teve ainda sete filhos e três filhas (Jó 42.10-13).

As angústias e medos que experimentamos diante das histórias e pessoas que já não fazem parte de nossa vida são o resultado de anos vivendo abraçados a algo ao qual nos acostumamos e que nos prendem a níveis medíocres de relacionamento com Deus e com nossos sonhos. Às vezes, o Pai tira de nós pessoas e coisas para nos forçar a largar aquilo a que lamentavelmente nos mantemos apegados, ao custo de nos impedir de avançar para outros níveis.

Nem toda angústia é ruim, algumas são geradas pela sensação de insegurança pelo novo, porque as histórias que acabam e as pessoas que nos deixam transformam os professores que somos em aprendizes novamente.

Jó, um homem íntegro, justo e temente a Deus, foi empurrado pelas suas perdas para um novo e belo nível de intimidade com o Senhor. Você não pode aceitar que suas perdas definam seu destino, pois este continua a ser definido por Deus, independentemente de quem ou do que o tenha deixado.

Quantas vezes Deus quer nos ensinar, tirar-nos de uma zona de conforto para que possamos avançar para outros níveis, e nós, tão desatentos, ingratos ou insensíveis aos seus movimentos, não percebemos que o tempo de terminar o que estamos vivenciando chegou.

O tempo de deixar ir é agora. O tempo de abrir mão é hoje.

5

UM **EXEMPLO** SOBRE **NÃO** DEIXAR IR: **RISPA**

Rispa era mulher de Saul, e sua triste história fala de alguém que viveu algo semelhante a Davi — a perda de filhos —, mas não agiu como ele. Ela não aceitou nem entendeu o tempo de deixar ir, por isso se negou a sepultar os filhos e ficou de vigia sobre os corpos para afastar as aves carniceiras. Na prática, ela apenas desperdiçou seu tempo e suas energias em uma situação irreversível. Em vez de sepultar os filhos e aceitar a realidade, ela preferiu conviver com o cheiro de morte e experimentou um processo de putrefação em sua vida. Seu futuro estacionou ali.

Durante o reinado de Davi houve uma fome que durou três anos. Davi consultou o SENHOR, que lhe disse: "A fome veio por causa de Saul e de sua família sanguinária, por terem matado os gibeonitas".

O rei então mandou chamar os gibeonitas e falou com eles. (Os gibeonitas não eram de origem israelita, mas remanescentes dos amorreus. Os israelitas tinham feito com eles um acordo sob juramento; mas Saul, em seu zelo por Israel e Judá, havia tentado exterminá-los.) Davi perguntou aos gibeonitas: "Que posso fazer por vocês? Como posso reparar o que foi feito, para que abençoem a herança do SENHOR?"

Os gibeonitas responderam: "Não exigimos de Saul ou de sua família prata ou ouro nem queremos matar ninguém em Israel".

Davi perguntou: "O que querem que eu faça por vocês?", e eles responderam: "Quanto ao homem que quase nos exterminou e que pretendia destruir-nos, para que não tivéssemos lugar em Israel, que sete descendentes dele sejam executados perante o SENHOR, em Gibeá de Saul, no monte do SENHOR".

"Eu os entregarei a vocês", disse o rei.

O rei poupou Mefibosete, filho de Jônatas e neto de Saul, por causa do juramento feito perante o SENHOR entre Davi e Jônatas, filho de Saul. Mas o rei mandou buscar Armoni e Mefibosete, os dois filhos que Rispa, filha de Aiá, tinha dado a Saul. Com eles também os cinco filhos que Merabe, filha de Saul, tinha dado a Adriel, filho de Barzilai, de Meolá. Ele os entregou aos gibeonitas, que os executaram no monte, perante o SENHOR. Os sete foram mortos ao mesmo tempo, nos primeiros dias da colheita de cevada.

Então Rispa, filha de Aiá, pegou um pano de saco e o estendeu para si sobre uma rocha. Desde o início da colheita até cair chuva do céu sobre os corpos, ela não deixou que as aves de rapina os tocassem de dia nem os animais selvagens à noite. Quando Davi foi informado do que Rispa, filha de Aiá, concubina de Saul, havia feito, mandou recolher os ossos de Saul e de Jônatas, tomando-os dos cidadãos de Jabes-Gileade. (Eles haviam roubado os ossos da praça de Bete-Seã, onde os filisteus os tinham pendurado, no dia em que mataram Saul no monte Gilboa.) Davi trouxe de lá os ossos de Saul e de seu filho Jônatas, recolhidos dentre os ossos dos que haviam sido executados.

> Enterraram os ossos de Saul e de Jônatas no túmulo de Quis, pai de Saul, em Zela, na terra de Benjamim, e fizeram tudo o que o rei tinha ordenado. Depois disso Deus respondeu às orações em favor da terra de Israel (2Samuel 21.1-14).

Essa passagem nos conta que os filhos de Rispa foram enforcados para saldar a dívida que Saul tinha com os gibeonitas, um dos povos mais antigos que ainda vivia em Canaã. Rispa depositou os corpos em cima de uma pedra e, por três meses, não permitiu que ninguém os tocasse. Ela espantava as aves de rapina e não deixava que ninguém se aproximasse. Ela estava implementando um sistema de morte, que dava continuidade ao que era para acabar. Ela estava alimentando aquilo que a destruía!

NÃO GASTE ENERGIA COM O QUE NÃO TEM VOLTA

Algumas estações devem apenas passar, seguir seu curso, porém, às vezes, nós as seguramos com todas as nossas forças. Rispa é um exemplo de alguém que não conseguiu deixar uma estação seguir seu curso e se entregou ao esforço de lutar contra leis naturais e espirituais para manter viva uma esperança de algo que não tinha mais conserto. Manter os cadáveres dos filhos em estado fétido durante três meses foi uma ação desnecessária, pois o processo de apodrecimento era irreversível, independentemente de quanta energia ela despendesse para evitá-lo.

Nossa mente percebe e nos avisa quando algo já acabou, porém nossas emoções nos impelem a empreender esforços desnecessários apenas para aliviar nossa consciência e nos dar alguma sensação de esperança. Precisamos ter consciência de que quando algo morre em nossa vida será impossível reverter a situação. De nada adiantará gastar dinheiro, agendar reuniões e conversas ou enviar mensagens.

Alguns talvez questionem: "Mas Deus não pode tudo?". Não, Deus não pode tudo. Ele não pode ir contra aquilo que Ele mesmo estabeleceu. Milhares de Rispas no mundo hoje dedicam-se a afastar as aves de rapina de sua história morta, e o preço disso é contaminar com cheiro de morte a parte de sua história que deveria ser mantida viva e contagiante. Se você insistir em manter seus cadáveres em exposição, esse será seu foco e, portanto, sua vida caminhará para altos níveis de fadiga por algo que tende a se deteriorar a cada dia que passa.

Ouça a Deus, pois Ele o ama. Enterre os corpos e deixe que sigam o curso natural da decomposição.

Precisamos ter consciência
de que quando algo
morre em nossa vida
será impossível reverter
a situação.

Lance terra sobre eles para que seus olhos não vejam mais o que acontece durante o processo de apodrecimento.

SEPULTE AS HISTÓRIAS DE SUA VIDA

Seus olhos estarão sempre conectados ao seu coração e, portanto, se você não sepultar as histórias que morreram, se não colocar terra sobre elas, jamais as superará. Tudo o que seus olhos enxergam alimenta seu coração. Por isso, Rispa se recusou a enterrar os filhos e isso arrancou dela três lindos meses de vida que poderiam tê-la conduzido a um novo propósito.

Tenho certeza de que algumas circunstâncias das nossas vidas servem para nos transformar, para nos trazer um novo tempo e novas chances, mas, quando não nos permitimos viver transformações — mesmo que no momento de luto —, ficamos apegados ao sofrimento e à perda. Não conseguimos deixar ir.

O Pregador declara: "O coração do sábio está na casa onde há luto, mas o do tolo, na casa da alegria" (Eclesiastes 7.4). Quando passamos por um período de dor, há uma transformação, uma necessidade de mudança. O luto, além de tudo, permite-nos refletir sobre nosso caminho e sobre a forma como temos vivido. Isso não aconteceu com Rispa, porque ela não aceitou vivê-lo dessa forma.

Precisamos entender que a vida cristã não nos garante ausência de dor, mas sim capacidade de continuar avançando, apesar do sofrimento. O próprio Jesus deixou isso bem claro: "Neste mundo vocês terão aflições; contudo, tenham ânimo! Eu venci o mundo" (João 16.33). Precisamos nos apegar à esperança de desfrutar o que cada circunstância nos trouxer de bom, mesmo que a experiência tenha sido dolorosa. Jesus não nos chamou para viver o "felizes para sempre", mas para vencermos o mal de cada dia.

Você precisa ter forças para sepultar os mortos. Não precisa afastar as aves carniceiras. Enterre-os em uma mente que, mesmo na dor, confessa a soberania e a bondade de Deus. Enterre-os avançando de forma disciplinada na adoração, na oração e no jejum. Deus não precisa que você goste do que Ele fez, mas espera que você confie no que Ele fez. Enterre seus mortos, deixe-os ir, não insista!

6

CONSEQUÊNCIAS DE **NÃO DEIXAR IR**

O Senhor é um Deus de ambientes. Isso significa que precisamos liberar um local favorável à Sua ação. Por toda a narrativa bíblica, nós o encontramos em um jardim, na arca da aliança, no tabernáculo, no templo, e assim por diante. Deus precisa de um ambiente para se manifestar.

O processo de deixar ir alguém que você ama é uma das experiências mais dolorosas da vida. Você investiu uma quantidade considerável de tempo e de energia emocional nessa pessoa, e a perspectiva de viver sem ela agora é impensável. Você se apega às memórias que compartilharam, aos planos que fizeram, e não sente nada além de agonia psíquica. Se o rompimento é recente, um novo futuro lhe parece quase impossível. Você se pega ruminando sobre o que poderia ter feito diferente, sobre as conversas que poderiam ter tido e sobre as palavras que lamenta ter dito. Mas o fato é que essa história acabou e você precisa reconhecer que sua vida mudou.

A história a seguir fala do juízo de Deus contra um povo que se recusou a enfrentar as mudanças, que lutou com todas as suas forças para manter um estilo de vida que o próprio Deus já havia ordenado que fosse abandonado. Veja o texto:

Moabe não é mais louvada;
em Hesbom tramam a sua ruína:
"Venham! Vamos dar fim àquela nação".
  Você também ficará calada,
ó Madmém; a espada a perseguirá.
Ouçam os gritos de Horonaim:
  "Devastação! Grande destruição!
Moabe está destruída!"
É o grito que se ouve até em Zoar.
Eles sobem pelo caminho para Luíte,
chorando amargamente
  enquanto seguem;
na estrada que desce a Horonaim
  ouvem-se gritos angustiados
  por causa da destruição.
Fujam! Corram para salvar suas vidas;
  tornem-se como um arbusto no deserto.
Uma vez que vocês confiam
  em seus feitos e em suas riquezas,
vocês também serão capturados,
  e Camos irá para o exílio,
junto com seus sacerdotes e líderes.
O destruidor virá contra
  todas as cidades,
e nenhuma escapará.
O vale se tornará ruínas,
e o planalto será destruído,
  como o SENHOR falou.
Ponham sal sobre Moabe, pois
ela será deixada em ruínas;

suas cidades ficarão devastadas,
sem nenhum habitante.

Maldito o que faz com negligência
o trabalho do SENHOR!
Maldito aquele que impede a sua espada
de derramar sangue!

Moabe tem estado tranquila
desde a sua juventude,
como o vinho deixado
com os seus resíduos;
não foi mudada de vasilha em vasilha.
Nunca foi para o exílio;
por isso, o seu sabor
permanece o mesmo
e o seu cheiro não mudou.
"Portanto, certamente vêm os dias",
declara o SENHOR,
"quando enviarei decantadores
que a decantarão;
esvaziarão as suas jarras
e as despedaçarão" (Jeremias 48.2-12).

Muitos não querem mudar porque mudanças são trabalhosas. É mais fácil lutar para remontar uma vida que se sabe como funciona do que abrir espaço para o novo. Há nessa passagem aspectos muito relevantes sobre as consequências de impedir mudanças reais por não querermos deixar que algo ou alguém saia de nossa vida.

O VINHO

O texto diz que os moabitas são "como o vinho deixado com os seus resíduos" (v. 11a). Eles se acomodaram sobre algo que os alegrou no passado. Você não pode se prostrar sobre uma boa fase do passado, pois isso corresponde a dizer que Deus se tornou fraco, incapaz de lhe proporcionar algo melhor e maior. O vinho deve ser consumido, não armazenado para sempre.

Louve a Deus pelas pessoas que lhe fizeram bem em fases de sua vida, que contribuíram para seu crescimento, e tenha gratidão a Deus pela vida de cada uma delas, mas em hipótese alguma, quando o deixarem, se deite sobre essas experiências com o intuito de manter o cheiro ou o sabor antigo de uma fase que já se passou. Levante-se do vinho de alegrias passadas e deixe que se vão. Existe um vinho novo para sua vida.

OS RESÍDUOS

Deus não irá acessar o coração de alguém que forçadamente se deita sobre o que deveria deixar ir. Os líderes moabitas estavam descansados sobre "seus resíduos" (v. 11b) – suas manias, seus dogmas ministeriais, seus costumes. Estavam adormecidos sobre borra velha. Há quem mantenha práticas antigas apenas para dizer a si mesmo que irá trazer de volta quem se foi. Guardam retratos ou criam fakes em redes sociais para acompanhar pessoas que se foram, ou então para assediá-las. Agir para manter a esperança de renascer uma fase que Deus já matou é deitar-se sobre borra velha.

De acordo com Hebreus 11.1, a fé não qualifica a espera, mas é em si uma espera. Por isso, aguardar pelo que Deus não deseja é o que chamamos "fé invertida", que resulta em uma série de ações que trabalharão incansavelmente para afastar você do novo de Deus. Quando nos fechamos para as novidades, paramos de crescer e de sonhar e, presos aos sedimentos, não conseguimos mais nos mover. E o que não cresce tem apenas dois destinos: morrer ou deformar-se.

O CHEIRO E O SABOR

Sobre Moabe, o texto diz que "o seu sabor permanece o mesmo e o seu cheiro não mudou" (v. 11c). Algumas pessoas nos deixam para provocar uma mudança de cheiro (ou de sabor) em nossa vida. É lamentável quando decidimos não mudar, porque isso manterá o cheiro que Deus despreza, o odor do velho. Pessoas e histórias que mantemos em nós conservando um cheiro que já deveria ter sido substituído por um doce perfume.

O texto também diz que Moabe "nunca foi para o exílio" (v. 11). Moabe era fruto de um ato incestuoso entre Ló e sua filha mais velha. Esse povo se sentia seguro em sua terra e se fechava para as mudanças. O território dos moabitas era pequeno, porém fértil, e ninguém os importunava. Contudo, eles tinham um grave defeito: autossuficiência (cf. v. 29).

Por viverem em uma terra segura e fértil, os moabitas estavam convencidos de que tinham tudo de que precisavam. Mas devemos entender que pessoas, coisas e lugares na verdade não nos pertencem e, portanto, não temos o direito de conservá-los a todo custo. Não podemos ser arrogantes a ponto de querer definir quem ou o que fica conosco. Manter de forma artificial o que já não é nosso impede que o cheiro e o sabor de nossa vida sejam alterados pela presença de Deus.

Quantos já foram privados do renovo da fé, da adoração e da devoção a Deus pelo simples fato de tentarem manter o cheiro e sabor de experiências passadas!

O CASTIGO

O juízo que Deus reservou para Moabe foi quebrar as estruturas, os paradigmas e as sentenças. Seriam enviados "decantadores que a decantarão; esvaziarão as suas jarras e as despedaçarão" (v. 12). Os moabitas estavam sossegados, conformados com seu vinho estragado, mas o juízo de Deus iria mudar a situação e trazer algo novo:

> Queriote será capturada,
> e as fortalezas serão tomadas.
> Naquele dia,
> a coragem dos guerreiros de Moabe
> será como a de uma mulher
> em trabalho de parto.
> Moabe será destruída como nação,
> pois ela desafiou o SENHOR (Jeremias 48.41-42).

Aquele povo arrogante se tornaria fragilizado, com um coração comparável à mulher com dores de parto. Corações debilitados são características de pessoas que insistem em manter o que já deveria ter ido embora. Se você não deixar ir, suas emoções estarão sempre vulneráveis e expostas.

> A alegria e a satisfação se foram
> das terras férteis de Moabe.

> Interrompi a produção de vinho
> nos lagares.
> Ninguém mais pisa as uvas
> com gritos de alegria;
> embora haja gritos, não são de alegria (Jeremias 48.33).

Foi tirada a alegria da colheita. O fim das celebrações é uma triste consequência. Vinho estragado resulta na perda da alegria e do júbilo, pois nessas condições ele só produz contaminação e doenças. Prolongar fases é segurar pessoas que irão arrancar sua alegria. Sua alma dirá o contrário, mas lhe garanto: por mais que você se esforce para manter tudo conforme desejam suas emoções, o preço a pagar será a destruição total de sua alegria.

> Lamentem por ela
> todos os seus vizinhos,
> todos os que conhecem a sua fama.
> Digam: "Como está quebrado
> o cajado poderoso,
> o cetro glorioso!" (Jeremias 48.17).

O cajado poderoso foi quebrado: a maneira como os moabitas se conduziam tornara-se obsoleta. Não podemos defender sistemas perpetuamente: é preciso abrir-se para o novo! Chegará a hora em que precisaremos romper com nosso procedimento. E será tempo de agir não por afeto, mas por propósitos. Os sistemas que hoje embalam nossa vida um dia terão de dar lugar às novidades de Deus. O odre precisa ser rompido para mudar o cheiro!

Manter alguém ou prolongar uma fase a todo custo irá quebrar nosso "cajado", e viveremos reféns das ações de terceiros, em que migalhas de ligações e mensagens de texto serão suficientes para tornar nosso dia melhor. Pessoas que perdem sua autoridade passam a se alegrar com o supérfluo e têm sua alegria em coisas ocas e superficiais. Nada enxergam de concreto na construção de uma vida sadia e completa. Vibram por bobagens, por demonstrações mínimas de afeto, enquanto sucateiam o belo futuro que Deus planejou para elas.

É tempo de acordar, de viver por propósitos, de recuperar o cajado da autoridade e não permitir que ninguém defina o que Deus já definiu. É tempo de deixar de ser motivo de piada na família, de ser a pessoa rotulada como "viúva (ou viúvo) de pessoa viva", de se valer do drama dos que se foram para obter piedade e atenção. Você não é digno de pena: é digno de vida. Precisa acordar, erguer-se das borras do vinho estragado, deixar o cheiro sair e aspirar o suave aroma do novo.

7

A NECESSIDADE DA **SEPARAÇÃO**

Deus só revelou a promessa que tinha para Abraão depois que Ló, sobrinho do patriarca, foi embora. E, antes de lermos a passagem bíblica correspondente, gostaria de lhe fazer uma pergunta: quem é o "Ló" que deve ir embora de sua vida para que Deus comece a falar com você?

> Disse o SENHOR a Abrão, depois que Ló separou-se dele: "De onde você está, olhe para o norte, para o sul, para o leste e para o oeste: toda a terra que você está vendo darei a você e à sua descendência para sempre. Tornarei a sua descendência tão numerosa como o pó da terra. Se for possível contar o pó da terra, também se poderá contar a sua descendência. Percorra esta terra de alto a baixo, de um lado a outro, porque eu a darei a você" (Gênesis 13.14-17).

A promessa de Deus para Abraão era imensurável, mas para que a recebesse Ló precisava ir embora. Consegue imaginar quantas vezes, de certa forma, você foi o empecilho ao cumprimento das promessas de Deus em sua vida por não querer deixar alguém ou manter uma situação? Deus pode ter algo especial para você, mas está aguardando a partida de seu "Ló".

Já observou que as promessas só se cumprem depois que você entende de fato a vontade de Deus? Ele não nos permite viver algo para o qual não estejamos preparados. E, se não nos posicionamos favoravelmente ao que Ele pretende realizar em nós e por meio de nós, não alcançaremos as bênçãos nem as grandiosas promessas que o Pai tem para nossa vida.

Deus está apenas esperando você parar de insistir em manter essa pessoa ou circunstância. Para que receba o que Ele quer lhe dar, você precisa deixar ir. Quando as pessoas erradas saem de sua vida, coisas certas começam a acontecer. Ló era a pessoa errada naquele momento na vida de Abraão. O patriarca creu em Deus e, da mesma forma, você precisa confiar no Senhor, mesmo que não esteja enxergando a estrada à sua frente ou quando todas as circunstâncias são desfavoráveis. Abraão sabia que, depois que concordar com a separação, as coisas começariam a mudar, embora ele ainda não visse o cumprimento da promessa.

Precisamos nos desapegar de coisas e pessoas, mesmo achando que sem elas não conseguiremos continuar, "porque vivemos por fé, e não pelo que vemos" (2Coríntios 5.7). Entenda que você não deve caminhar com pessoas que Deus não deseja como sua companhia. Não faça alianças que prejudiquem sua intimidade e seu relacionamento com Deus. Não permita que pessoas que vivem com propósitos, princípios e valores diferentes dos seus determinem o curso de sua vida. Quando elas forem deixá-lo, deixe-as ir.

Em suma, há momentos em que a separação é uma necessidade, para que a promessa se cumpra. É doloroso, mas deixe ir! Para entrar em uma nova empresa, você terá de deixar o emprego atual. Da mesma forma, para cada novo ciclo que você queira viver, novas chances precisam ser dadas e, inevitavelmente, separações terão de acontecer.

Quando isso acontecer, você viverá um novo tempo de Deus em sua vida. Um novo ciclo, com muitas novidades, começará a ser vivido. E uma das promessas de Jesus para nós é: "Se alguém está em Cristo, é nova criação. As coisas antigas já passaram; eis que surgiram coisas novas!" (2Coríntios 5.17).

CONCLUSÃO

Deus nos deu um dom especial, que é a capacidade de dizer adeus. Quando dizemos adeus a alguém não significa que somos pessoas ruins, mas que tememos a Deus. Digo isso porque sei que deixar ir não é fácil. É um desafio. Somos tentados a manter tudo e todos perto de nós, seja por saudade, seja pelo elo que essa pessoa representa para você, seja pela referência que já foi. Enfim, não gostamos da ideia de término ou de rompimento. Geralmente, temos muita dificuldade para lidar com isso sem parar para pensar. No entanto, términos e "pontos finais" são necessários para que nossa vida flua e vivamos novas fases, novos encontros, novas conquistas e novas oportunidades.

Em contrapartida, se alguém o está deixando, significa que essa pessoa não irá interferir positivamente em seu propósito, e você, por temer a Deus, continuará sua caminhada na certeza de que outros farão parte de sua vida e o auxiliarão. Você não precisa que alguém permaneça em sua vida para que você cresça, alcance metas, trilhe caminhos de sucesso e veja as coisas acontecerem.

Aprenda a orar, a partir de hoje, para que só façam parte de sua vida e só permaneçam nela pessoas que não sejam mantidas à força. Não ponha nenhum obstáculo à sua partida. Se Deus quiser que continuem em sua vida, elas ficarão. Se quiserem partir, não as impeça. Tanto as pessoas que o deixam quanto as que permanecem são a provisão de Deus para você.

Nesse momento, você saberá que quem ficou é alguém que está no lugar e no tempo certo de sua caminhada e que quem se foi já não desempenha nenhum papel em sua vida. Não se apegue a ninguém nem à circunstância alguma. Apegue-se Àquele que tem poder de fazer novas todas as coisas e caminha ao seu lado todos os dias.

A separação não libera apenas você para um futuro mais brilhante. A pessoa que se vai no momento certo também precisa de um novo começo. Você estará ajudando duas pessoas a terem uma vida mais feliz e mais autêntica. Portanto, deixar ir alguém que você ama pode ser um ato de cuidado e bondade supremos. Cada relacionamento nos ensina alguma coisa, e ocasionalmente seu propósito só é revelado quando ele termina. Embora possa parecer que o mundo está acabando quando você rompe com alguém que ama, com o tempo perceberá que está apenas embarcando em um novo começo.

Deixar ir é respeitar. Quem ama sempre deixa a porta aberta e só quer por perto quem decide ficar. Por isso, deixe a porta de sua vida sempre aberta para que as pessoas fiquem por desejarem ficar.

Que Deus o abençoe e que você seja livre, em nome de Jesus!

VOCÊ NO MEU LIVRO

Separei este espaço para mostrar alguns dos muitos testemunhos que recebi após ministrar em diversos lugares sobre o tema tratado neste livro. São depoimentos de pessoas que foram impactadas por essa mensagem e significam muito para mim.

Priscila Almeida Rodrigues, 16 anos | Porto Alegre (RS)

Estive presa a pessoas que me levaram para baixo, à depressão e à tentativa de suicídio, mas, após assistir a essa mensagem, Deus tocou em mim para deixar essas pessoas para trás e não insistir em permanecer com quem não me acrescentaria nada. Graças à atitude inspirada em suas palavras, pude conhecer pessoas certas, momentos únicos, relações que valem a pena. Tive a oportunidade de ter Deus em meu coração e ser curada. Deus o abençoe. Gratidão!

Dayana Costa, 31 anos | Carapicuíba (SP)

Quando assisti a essa mensagem, estava em um relacionamento à beira do término. Todos os sinais possíveis eram dados a mim para que acabasse com esse relacionamento, porém não queria deixar ir. Estava tentando manter à força alguém que o próprio Deus me havia falado para deixar ir. Com toda essa situação, eu estava prendendo pessoas e situações que, no fundo, sabia que deveria liberar, como meu filho que faleceu, relacionamentos passados que eu revivia nos momentos de dor e carência, ambientes que não me cabiam mais. A mensagem "Deixe ir, não insista" me trouxe uma visão diferente sobre como terminar o relacionamento e me mostrou como me preparar e me educar para enfrentar as perdas e as despedidas da vida. Hoje, eu me sinto livre emocionalmente e também mais preparada para viver as adversidades. "Deixe ir, não insista" foi um presente do próprio Deus para mim, tenho certeza disso. Veio na hora certa, porque coincidências não existem para Deus. Forte abraço!

Suzana da Silva, 42 anos | Birigui (SP)

Quando assisti ao vídeo da mensagem, estava vivendo momentos difíceis. Havia perdido o emprego e estava em um relacionamento complicado, que logo depois veio a terminar. Por anos, eu sempre insistia em que as pessoas ficassem na minha vida e sofria por isso. Sou católica, mas quando ouvi aquela pregação senti que Deus, de alguma forma, quis me ensinar algo. Recebi a mensagem como um puxão de orelha, mas foi uma bênção na minha vida. Desde então, acompanho seu trabalho. Obrigada, Diego Menin! Seus vídeos têm me fortalecido na minha caminhada. Hoje, deixo ir... e não insisto!

Luciana Damasceno Silva de Oliveira | Vila Velha (ES)

Assisti a essa mensagem e a guardei no meu coração. Não sabia exatamente o porquê de as palavras terem penetrado tão profundamente em mim, embora eu não estivesse vivenciando naquele momento algo parecido, mas, como Deus sabe de tudo, poucos dias depois minha filha passou por um término repentino de um relacionamento no qual ela havia apostado tudo e, naquele momento, não sabia o que fazer nem como deixar ir. Como mãe, vendo minha filha sofrer, senti-me impotente e sem palavras, mas foi nessa hora que o Espírito Santo falou baixinho ao meu ouvido: "Fala do vídeo para ela". Então, indiquei o vídeo "Deixe ir, não insista" e disse a ela que parasse tudo que estava fazendo e assistisse à pregação. Quando terminou de assistir, aquela moça que estava chorando sem parar enxugou as lágrimas, arrumou-se para ir à faculdade e disse: "A criança já morreu, e tudo o que eu tinha de chorar era antes. Preciso entender, como Davi, quando a criança já morreu!". Minha filha, a moça da história, é Laura Damasceno Silva Amaral, tem 21 anos e mora na cidade de Vila Velha.

Elisângela Lopes, 46 anos | Olinda (PE)

A primeira vez que assisti a esse vídeo foi em maio de 2019. Eu estava passando por um momento muito difícil na minha vida, estava deprimida e cheia de porquês. Eu não era evangélica. E, exatamente dois dias antes do Dia das Mães, eu estava muito deprimida e viajei a uma praia para refletir. Eu nunca tinha ouvido falar do Diego Menin, e, em um momento em que eu pedi muito a Deus uma resposta, fui procurar no YouTube uma oração para me acalmar. Nesse ínterim, meu dedo escorregou e essa mensagem apareceu de forma surreal, acredite! Para Deus, NADA é impossível. Ouvi tudo o que precisava e, naquela mesma semana, me converti na ADVEC Capanga, em Recife, onde fui muito bem acolhida e me batizei, no dia 22 de setembro de 2019, graças a Deus!

Desde então, sigo e acompanho o pastor Diego e todas as suas pregações, com as quais me edifico e aprendo a lidar com as emoções e as atribulações da vida. Muito grata! Deus o tem usado para muitas pessoas que, assim como eu, precisam dos seus ensinamentos. Deus o abençoe!

Maria Aparecida Francisca de Sales, 49 anos | Goiânia (GO)

Trabalhei trinta anos na Polícia Militar do estado de Goiás e amava meu trabalho e meus colegas, porque cuidava espiritualmente de todos como uma mãe. Chegou o tempo de me aposentar e fui para a reserva remunerada com todas as condecorações possíveis. Deveria estar muito feliz, mas, ao contrário, chorei durante seis meses seguidos. Não queria prosseguir e me sentia inútil tanto em casa quanto na igreja. Novos amigos? Nem pensar! Apesar de saber que era um presente de Deus eu poder me aposentar em paz depois de tanto tempo em uma profissão como a minha, eu não conseguia me alegrar. Foi quando ouvi essa mensagem, e ela entrou em meu coração e descortinou uma nova visão de gratidão e de desapego por tudo, e entendi que era hora de continuar. Ouvi-a duas vezes seguidas. Então orei, e minha vida mudou completamente.

Cheila, 33 anos | Feira de Santana (BA)

Lembro-me do dia em que assisti à sua pregação: 11 de maio de 2019, por volta das 6 horas da manhã. Na noite anterior, dormira chorando, pedindo ao Senhor uma resposta. Meu coração estava ferido, magoado, entristecido. Fazia poucos dias que tinha terminado um relacionamento e não entendia como a pessoa pôde ser tão fria. Namoramos nove meses e, um belo dia, ele me mandou uma mensagem: "Tentei gostar de você, mas só consigo enxergar você como amiga". Nossa, aquilo doeu, e eu não entendia, porque fui uma pessoa tão boa, e ele me falou isso! Ao mesmo tempo, eu sentia em meu coração que era o momento de dar um basta, porém não tinha coragem. Pedia a Deus força para passar por aqueles dias ruins e, quando acordei na manhã do dia 11 de maio de 2019, peguei o celular e achei assim do nada seu vídeo. Nunca tinha ouvido falar no senhor. Nesse dia, lembro que repeti essa pregação umas dez vezes, porque não conseguia acreditar, e compartilhei com várias amigas. Pastor, essa pregação naquele dia foi a mensagem que Deus tinha para mim. Logo após, fiz como o senhor falou: tomei um banho, comi e "enterrei o bebê" (risos). Deixei "Ló" ir embora e recebi o que o Senhor tinha preparado para mim, uma pessoa que comunga das mesmas ideias que as minhas, dos mesmos projetos, e estamos construindo uma linda história. Então percebi que não era amor o que eu sentia. Como o senhor diz, temos dificuldades em deixar ir, entender que nossa história na vida daquela pessoa acabou. Cumpri minha missão, pois quando o conheci ele estava com depressão e o ajudei muito, mas o fato de ele ter me deixado não significa que ele seja mau, apenas que a parte da história dele na minha vida acabou. Obrigada, pastor, que Deus continue abençoando-o!

Diego Richard, 30 anos | Curitiba (PR)

Quando assisti ao sermão "Deixe ir, não insista", estava completamente perdido, após o término de um relacionamento, procurando de várias formas uma saída para aquela angústia que tomava conta do meu peito e tendo pensamentos ruins, que estavam querendo me dominar. Pedi então a Deus um auxílio, algo que me fizesse entender o motivo daquilo tudo. Assim que vi o vídeo, foi um alívio: as palavras do pastor me fizeram entender que, às vezes, precisamos deixar ir, mesmo sem entender o motivo. Eu me senti muito aliviado, porém tive uma recaída há poucos dias, pois, quando se trata de relacionamento, pode levar certo tempo para entendermos as coisas. Contudo, continuo sempre assistindo aos seus sermões – "Não é mais possível consertar" foi uma bênção também. Sigo orando a Deus e tendo atitudes para mudar, pois atitude é essencial para fortalecer nossa fé. Eu me sinto muito melhor. Que Deus abençoe sua vida grandiosamente!

Se este livro edificou você, mande-me um *direct* no Instagram @diegonmenin ou escaneie o QR code abaixo:

Esta obra foi composta em *Mrs Eaves*
e impressa por Gráfica Expressão e Arte sobre
papel *Polen Bold* 90 g/m^2 para Editora Vida.